Impressum
Verlag: BABADADA GmbH, Nedderfeld 112 , 22529 Hamburg
Geschäftsführer / Verlagsleitung: Harald Hof
Druck: Books on Demand GmbH, In de Tarpen 42, 22848 Norderstedt

Imprint
Publisher: BABADADA GmbH, Nedderfeld 112 , 22529 Hamburg, Germany
Managing Director / Publishing direction: Harald Hof
Print: Books on Demand GmbH, In de Tarpen 42, 22848 Norderstedt, Germany

1

sekolah
School

ruang kelas
Klassenstuuv

membagi
delen

186/2

papan
Tafel

halaman sekolah
Schoolhoff

guru
Schoolmeester

kertas
Papeer

menulis
schrieven

pena
Sticken

meja kerja
Schrievdisch

penggaris
Lienholt

buku
Book

murit
Schöler

tas sekolah

Ranzel

tempat pensil

Feddermapp

pensil

Bleesticken

pengasah pensil

Scharpmaker

penghapus

Radeergummi

kertas gambar

Tekenblock

gambar

Teken

kuas

Pinsel

kotak cat

Malkassen

gunting

Scheer

lem

Klever

buku latihan

Heft to'n Öven

pekerjaan rumah

Huusopgaav

angka

Tall

tambhakan

tohooptellen

mengurangi

aftrecken

mengalikan

malnehmen

menghitung

reken

huruf

Bookstaav

alfabet

ABC

kata

Woort

teks

Text

membaca

lesen

kapur

Kried

pelajaran

Stunn

daftar

Klassenbook

ujian

Pröven

sertifikat

Tüügnis

seragam sekolah

Schooluniform

pendidikan

Utbillen

ensiklopedi

Nakieksel

universitas

Universität

mikroskop

Mikroskop

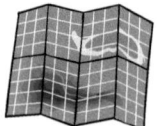

peta

Koort

tempat sampah

Papeerkorf

perjalanan
Törn

hotel
Hotel
Grand
hostel
Harbarg
ROOMS
kantor pertukaran mata uang
Wesselstuuv
EXCHANGE
koper
Kuffer
mobil
Auto

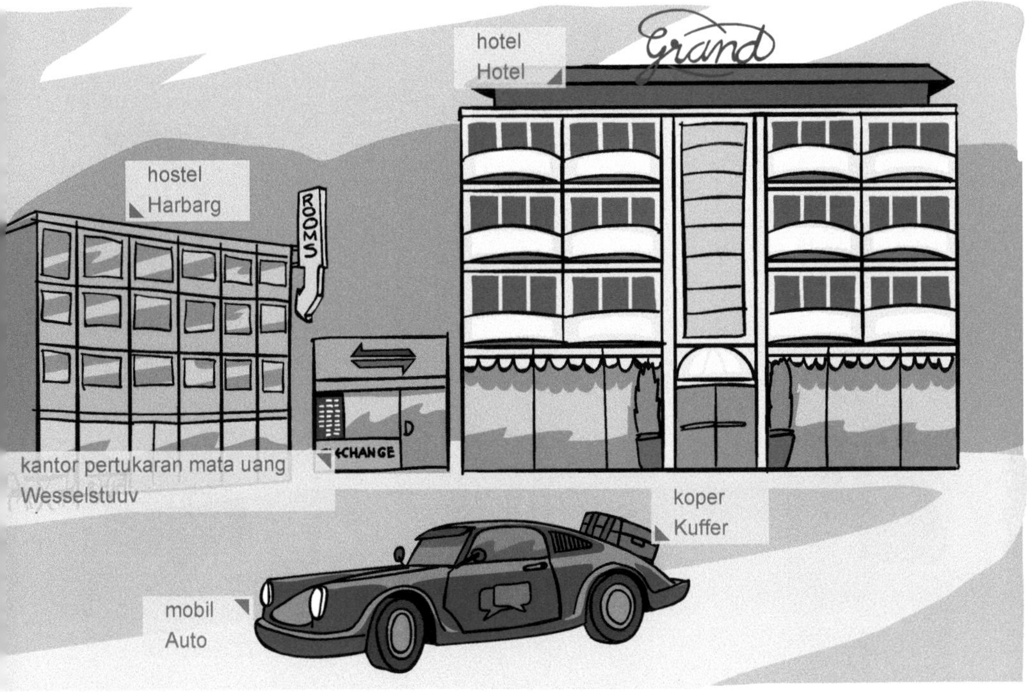

bahasa

Spraak

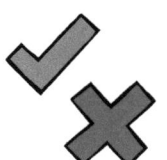

ya / tidak

jo / ne

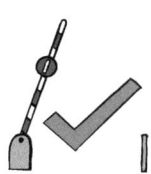

okay

Jo

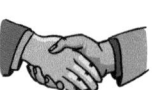

hallo

Moin

penerjemah

Översetter

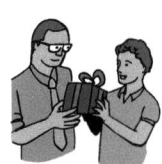

terima kasih

Dank ok

Berapa harganya…?

Wat kost…?

saya tidak mengerti

Ik verstah nich

masalah

Problem

Selamat malam!

Goden Avend

Selamat siang!

Moin!

Selamat tidur!

Gode Nacht!

sampai jumpa

Tschüüs

arah

Richt

bagasi

Bagaasch

tas

Tasch

ransel

Rüchsack

tamu

Gast

ruang

Stuuv

kantong tidur

Slaapsack

tenda

Telt

informasi wisata

Touristeninformatschoon

pantai

Strand

kartu kredit

Kreditkoort

sarapan

Fröhstück

makan siang

Meddageten

makan malam

Avendeten

tiket

Fohrkort

elevator

Fohrstohl

perangko

Breefmark

perbatasan

Grenz

cukai

Toll

kedutaan

Bottschop

visa

Visum

paspor

Pass

transportasi
Transport

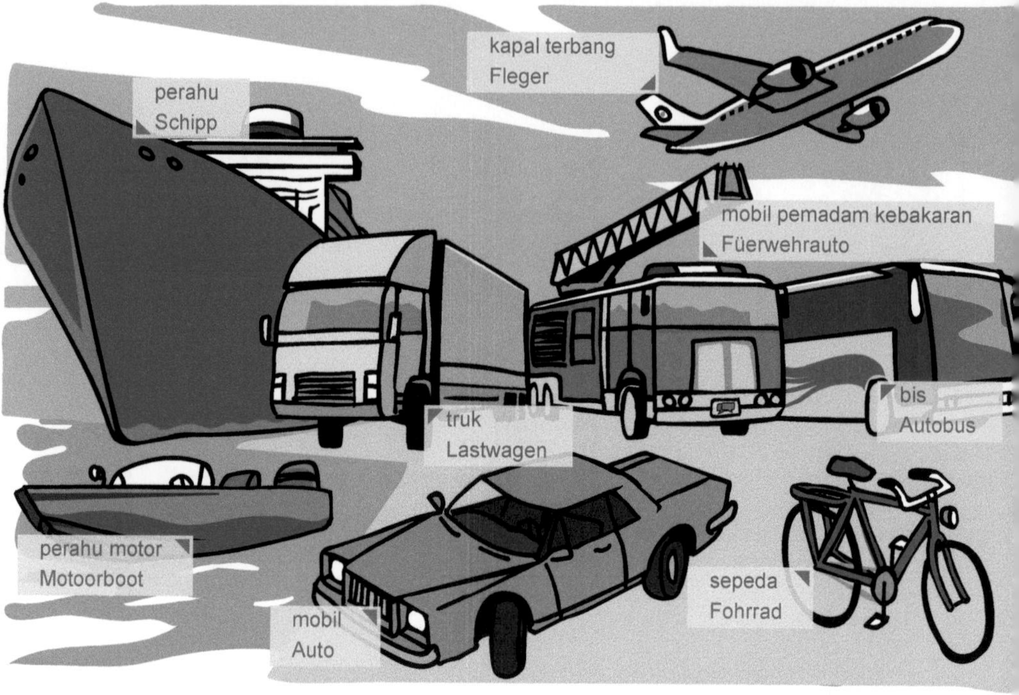
kapal terbang
Fleger
perahu
Schipp
mobil pemadam kebakaran
Füerwehrauto
truk
Lastwagen
bis
Autobus
perahu motor
Motoorboot
mobil
Auto
sepeda
Fohrrad

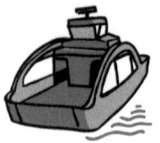

feri

Fähr

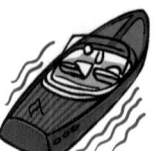

perahu

Boot

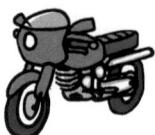

sepeda motor

Motoorrad

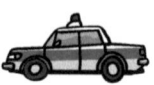

mobil polisi

Polizeiauto

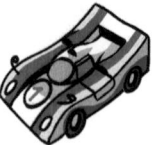

mobil balapan

Rönnauto

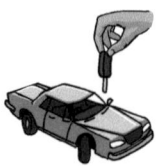

mobil sewa

Lehnwagen

berbagi mobil

Carsharing

truk derek

Afsleepwagen

truk sampah

Müllauto

motor

Motoor

bahan bakar

Kraftstoff

bensin

Tanksteed

tanda lalulintas

Verkehrsschild

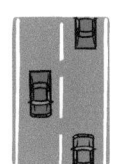

lalulintas

Verkehr

macet

Stau

parkir mobil

Afstellplatz

stasiun kereta

Bahnhoff

trek

Sporen

kereta api

Tog

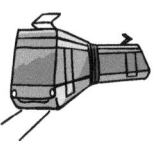

tram

Stratenbahn

gerobak

Wagon

helikopter

Dwarsmöhl

bendara

Flooghaven

menara

Tower

penumpang

Fohrgast

container

Grootkist

karton

Karton

troli

Koor

keranjang

Korf

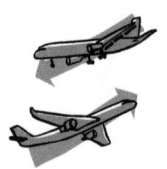

berangkat / mendarat

starten / lannen

kota

Stadt

desa

Dörp

pusat kota

Binnenstadt

rumah

Huus

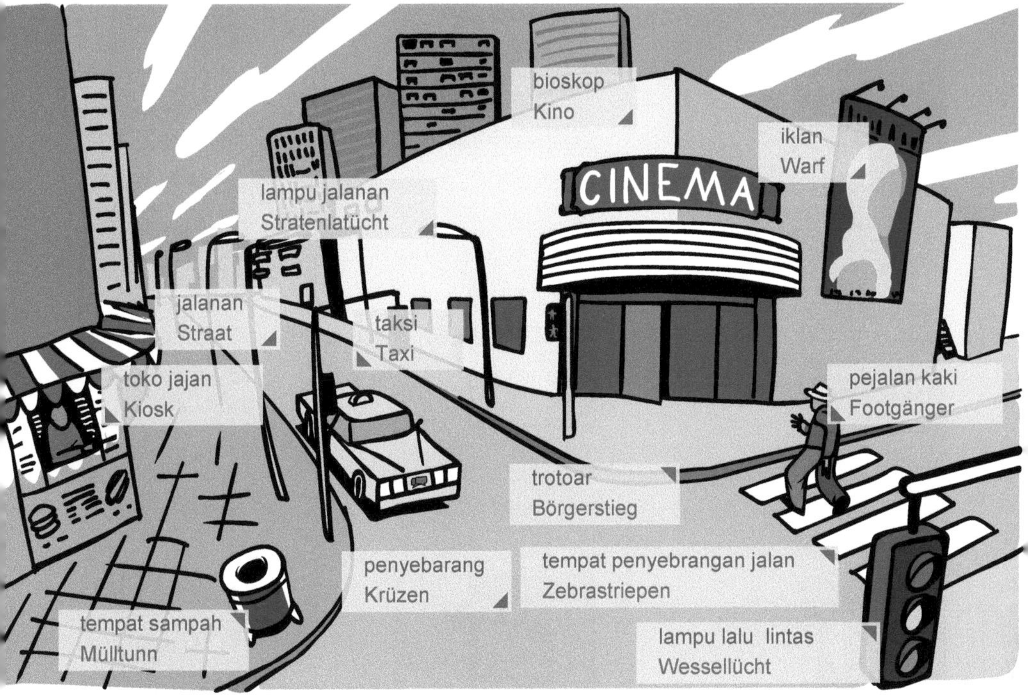

bioskop
Kino

iklan
Warf

lampu jalanan
Stratenlatücht

CINEMA

jalanan
Straat

taksi
Taxi

toko jajan
Kiosk

pejalan kaki
Footgänger

trotoar
Börgerstieg

penyebarang
Krüzen

tempat penyebrangan jalan
Zebrastriepen

tempat sampah
Mülltunn

lampu lalu lintas
Wessellücht

gubuk
....
Hütt

rumah flat
....
Wahnung

stasiun kereta
....
Bahnhoff

balai kota
....
Raathuus

museum
....
Museum

sekolah
....
School

universitas

Universität

bank

Bank

rumah sakit

Krankenhuus

hotel

Hotel

farmasi

Afteek

kantor

Büro

toko buku

Bookhökerie

toko

Hökerie

toko bunga

Blomenhökerie

supermarket

Supermarkt

pasar

Markt

toko serba ada

Koophuus

nelayan

Fischhökerie

pusat belanja

Inkoopszentrum

pelabuhan

Haven

taman

Parkanlaag

banku

Bank

jembatan

Brüch

tangga

Trepp

kereta bawah tanah

Ünnergrundbahn

terowongan

Tunnel

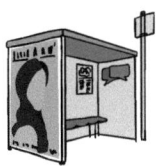

pemberhantian bis

Busstoppsteed

bar

Bar

restauran

Spieslokal

kotak surat

Breefkassen

tanda jalan

Stratenschild

meteran parkir

Parkklock

kebun binatang

Deertenpark

kolam renang

Baadanstalt

mesjid

Moschee

pertanian

Buernhoff

polusi

Ümweltversmudden

kuburan

Karkhoff

gereja

Kark

tempat bermain

Speelplatz

pura

Tempel

pemandangan
Landschop

daun
Blatt

penunjuk arah
Wiespahl

jalanan
Weg

padang rumput
Wisch

batu
Steen

pohon
Boom

pejalak kaki
Wannerer

sungai
Fluss

rumput
Gras

bunga
Bloom

lembah

Daal

bukit

Barg

danau

See

hutan

Holt

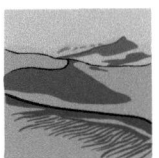

padang gurun

Wööst

gunung berapi

Füerspien Barg

istana

Slott

pelangi

Regenbagen

jamur

Poggenstohl

pohon palem

Palm

nyamuk

Steekmück

lalat

Fleeg

semut

Miegeemk

lebah

Imm

laba-laba

Spinn

kumbang

Sebber

kodok

Pogg

tupai

Katteker

landak

Swienegel

kelinci

Haas

burung hantu

Uul

burung

Vagel

angsa

Swaan

babi jantan

Wildswien

rusa

Hirsch

rusa

Elk

bendungan

Staudamm

turbin angin

Windrad

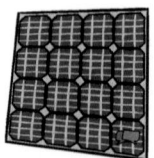

panel surya

Solarmodul

iklim

Klima

restauran
Spieslokal

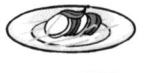

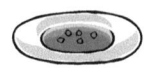

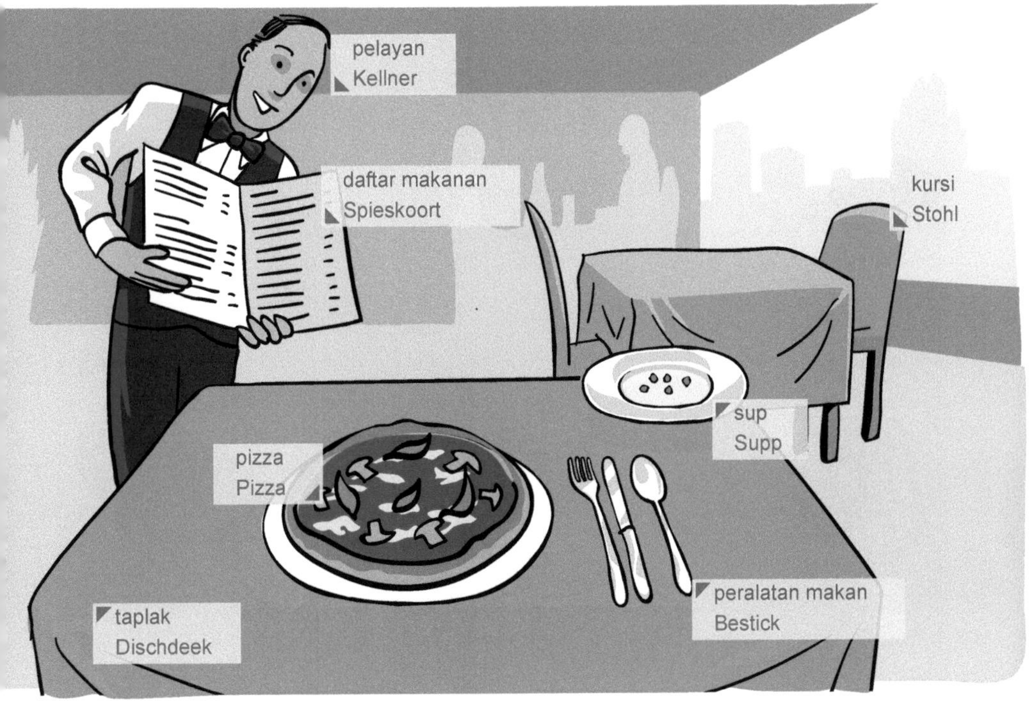
pelayan
Kellner
daftar makanan
Spieskoort
kursi
Stohl
sup
Supp
pizza
Pizza
taplak
Dischdeek
peralatan makan
Bestick

hindangan pembuka

Vörspies

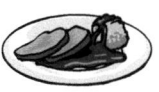

hidangan utama

Haupteten

hidangan penutup

Nadisch

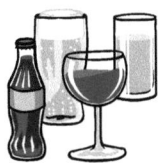

minuman

Drünk

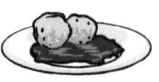

makanan

Eten

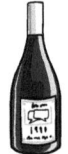

botol

Buddel

fastfood

Fastfood

masakan jalanan

Strateneten

teko teh

Teekann

kaleng gula

Zuckerdoos

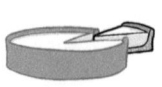

porsi

Portschoon

mesin espresso

Espressomaschien

kursi tinggi

Hoochstohl

tagihan

Reken

baki

Tablett

pisau

Mess

garpu

Gavel

sendok

Lepel

sendok teh

Teelepel

serbet

Munddook

gelas

Glas

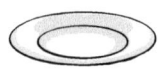

piring
Töller

piring sup
Suppentöller

lepek
Ünnertass

saus
Sooß

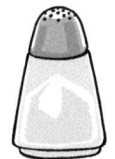

tempat garam
Soltstreuer

gilingan merica
Pepermöhl

cuka
Etig

minyak
Ööl

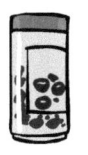

bumbu
Krüder

saus tomat
Ketchup

mustar
Mostrich

mayones
Mayonnaise

supermarket
Supermarkt

penawaran khusus
Anbott
FOR
klien
Kunn
produk susu
Melkprodukten
buah
Aaft
troli
Inkoopswagen

BUTCHERS

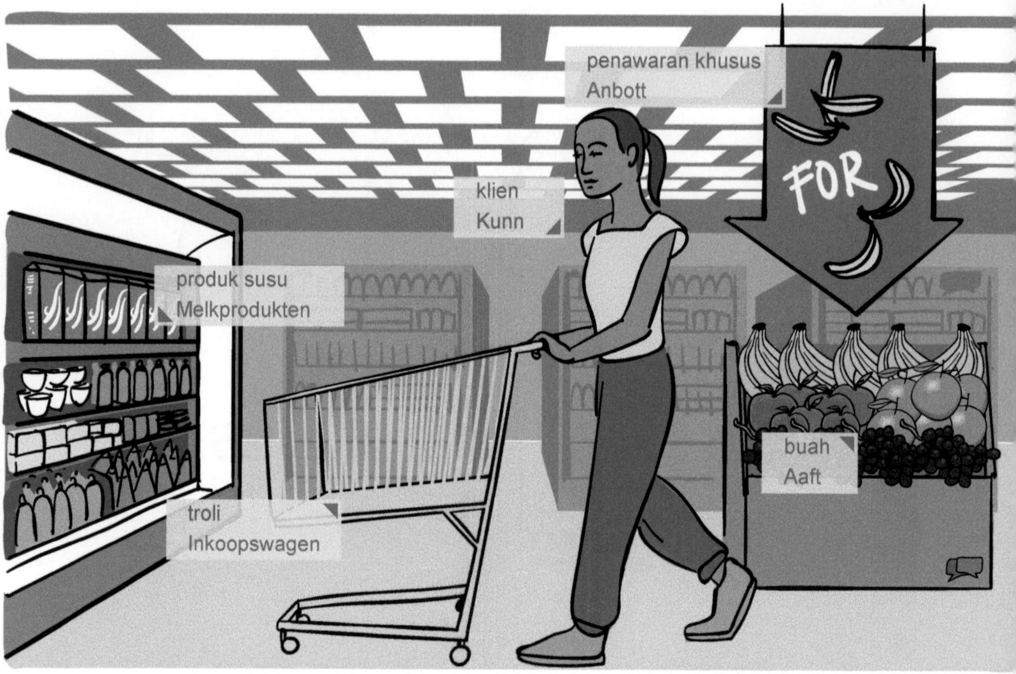

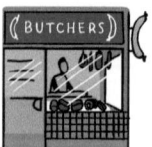

pembantai

Slachterie

BAKERY

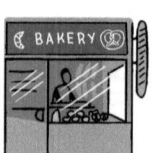

toko roti

Bäckerie

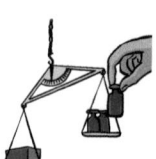

menimbang

wegen

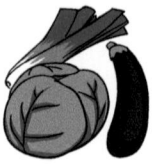

sayur

Gröönsaken

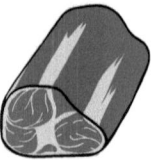

daging

Fleesch

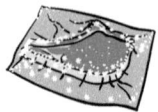

makanan beku

Deepköhlkost

pemotongan dingin

Opsnitt

makanan kaleng

Konserven

sabun serbuk

Waschmiddel

permen

Snoopkraam

alat-alat rumah tangga

Huushooltssaken

obat pembersihan

Reinmaaktüüch

penjual

Verköpersche

kasa

Kass

kasir

Kasserer

daftar belanja

Inkoopslist

jam buka

Opsparrtieden

dompet

Breeftasch

kartu kredit

Kreditkoort

tas

Tasch

kantong plastik

Plastiktüüt

air

Water

jus

Saft

susu

Melk

cola

Cola

anggur

Wien

bir

Beer

alkohol

Spriet

coklat

Kakao

teh

Tee

kopi

Koffie

espresso

Espresso

cappucino

Cappucino

pisang

Banaan

apel

Appel

jeruk

Appelsien

semangka

Meloon

jeruk lemon

Zitroon

wortel

Wöttel

bawang putih

Knuuvlook

bambu

Bambus

bawang bombai

Zibbel

jamur

Poggenstohl

kacang

Nööt

mi

Nudeln

spagetti

Spaghetti

nasi

Ries

salat

Salat

kentang goreng

Pommes frites

kentang goreng

Braadkantüffeln

pizza

Pizza

hamburger

Hamborger

sandwich

Sandwich

sayatan

Snitzel

ham

Schinken

salami

Salami

sosis

Wust

ayam

Hohn

menggoreng

Braden

ikan

Fisch

bubur gandum

Haverflocken

sereal

Müsli

cornflakes

Cornflakes

tepung

Mehl

croissant

Croissant

roti

Rundstück

roti

Broot

toast

Toast

biskuit

Keksen

mentega

Botter

dadih

Quark

kue

Koken

telur

Ei

telur goreng

Spegelei

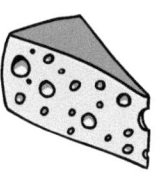

keju

Kees

eskrim
les

gula
Zucker

madu
Honnig

selai
Marmelaad

krim nugat
Nougat-Creme

kare
Curry

pertanian

Buernhoff

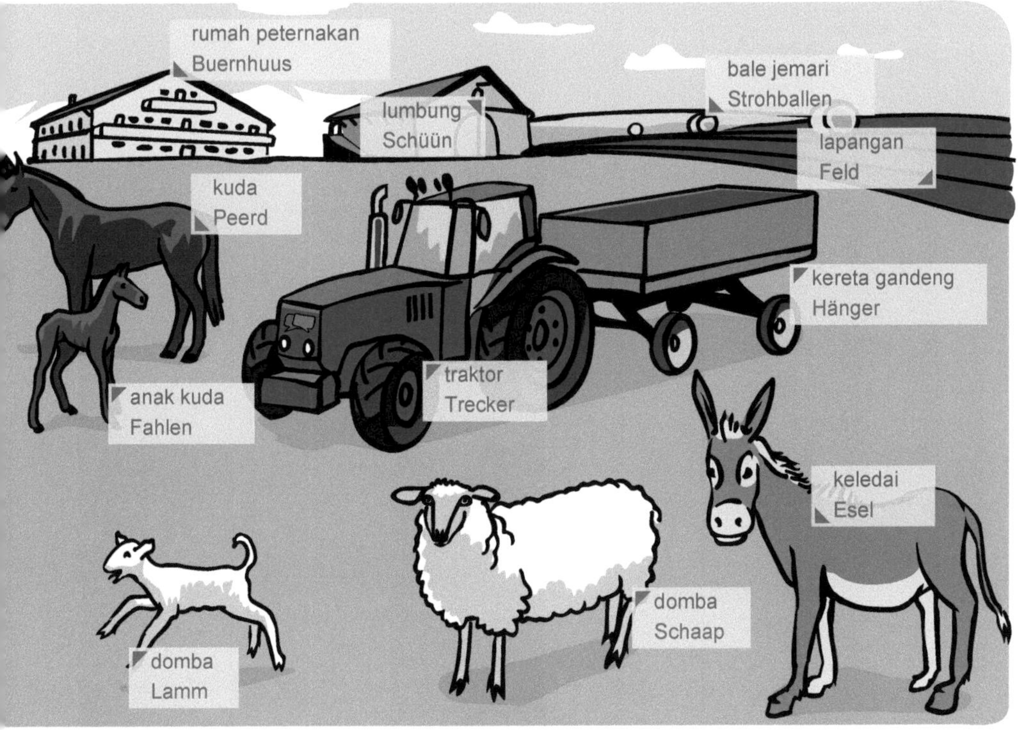
rumah peternakan
Buernhuus
lumbung
Schüün
bale jemari
Strohballen
lapangan
Feld
kuda
Peerd
kereta gandeng
Hänger
traktor
Trecker
anak kuda
Fahlen
keledai
Esel
domba
Schaap
domba
Lamm

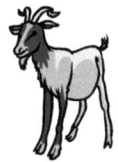

kambing

Zeeg

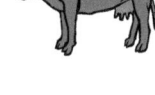

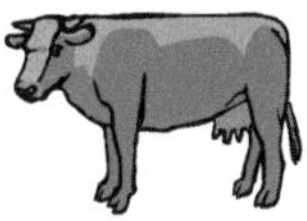

sapi

Koh

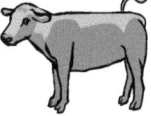

betis

Kalf

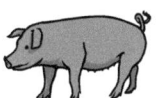

babi

Swien

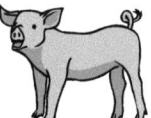

celeng

Farken

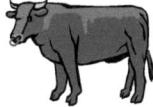

banteng

Bull

angsa

Goos

bebek

Aant

anak ayam

Küken

ayam

Hohn

ayam jantan

Hahn

tikus

Rott

kucing

Katt

tikus

Muus

lembu

Oss

anjing

Hund

rumah anjing

Hunnenhütt

selang

Goornslauch

penyiram

Geetkann

sabit

Lee

bajak

Ploog

sabit

Sich

cangkul

Hack

garpu rumput

Mestfork

kapak

Ext

gerobak

Schuufkoor

palung

Trog

kaleng susu

Melkkann

karung

Sack

pagar

Tuun

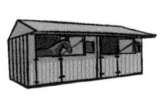

kandang

Stall

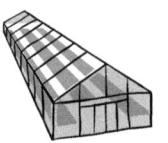

rumah kaca

Drievhuus

tanah

Bodden

benih

Saat

pupuk

Dünger

mesin pemanen

Meihdöscher

panen

oornen

panen

Oorn

yams

Yamswöttel

gandum

Weten

kedelai

Soja

kentang

Kantüffel

jagung

Törksche Weten

lobak

Rapp

pohon buah

Aaftboom

singkong

Troopsch Kantüffel

sereal

Koorn

rumah
Huus

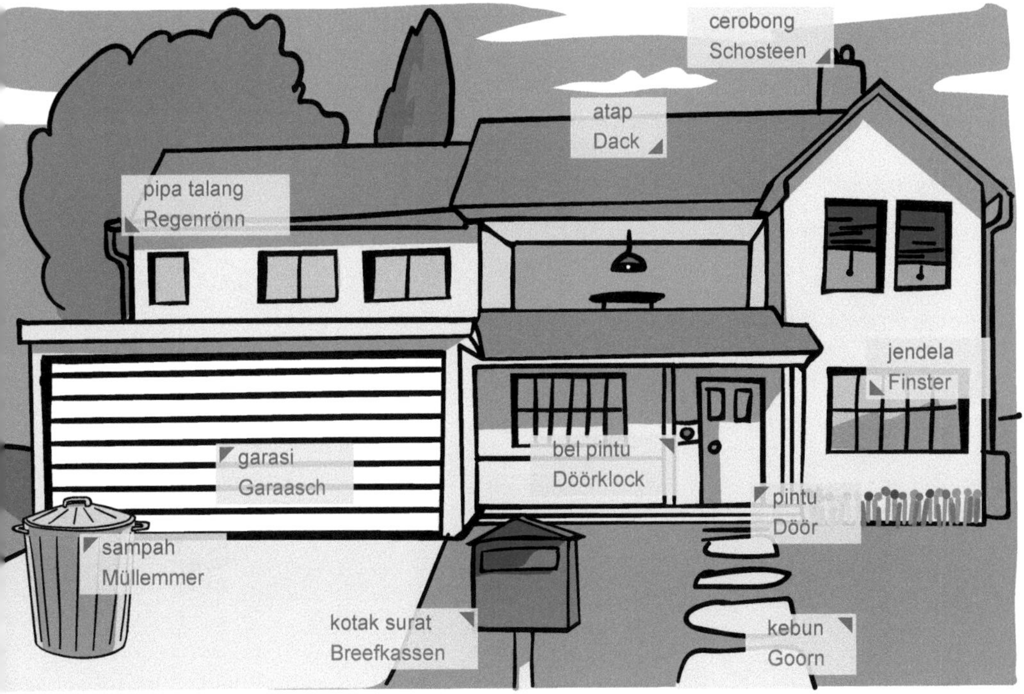
cerobong
Schosteen
atap
Dack
pipa talang
Regenrönn
jendela
Finster
garasi
Garaasch
bel pintu
Döörklock
pintu
Döör
sampah
Müllemmer
kotak surat
Breefkassen
kebun
Goorn

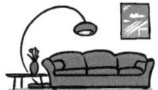

ruang tamu

Wahnstuuv

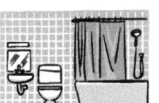

kamar mandi

Baadstuuv

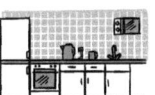

dapur

Köök

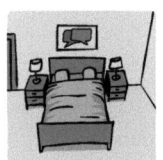

kamar tidur

Slaapstuuv

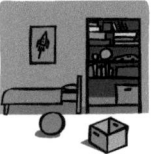

kamar anak

Kinnerstuuv

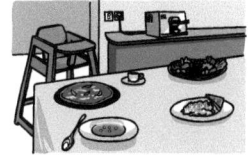

kamar makan

Eetstuuv

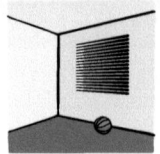

lantai

Footbodden

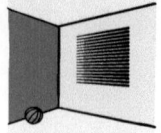

tembok

Wand

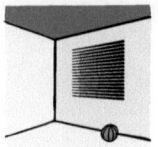

atap

Deek

gudang di bawah tanah

Keller

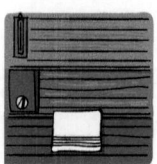

sauna

Hittluftbad

balkon

Balkon

teras

Terrass

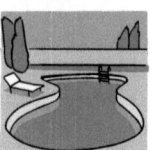

kolam renang

Swümmbad

mesin pemotong rumput

Rasenmeiher

sprei

Bettbetog

selimut

Bettdeek

tempat tidur

Puuch

sapu

Bessen

ember

Emmer

tombol

Schalter

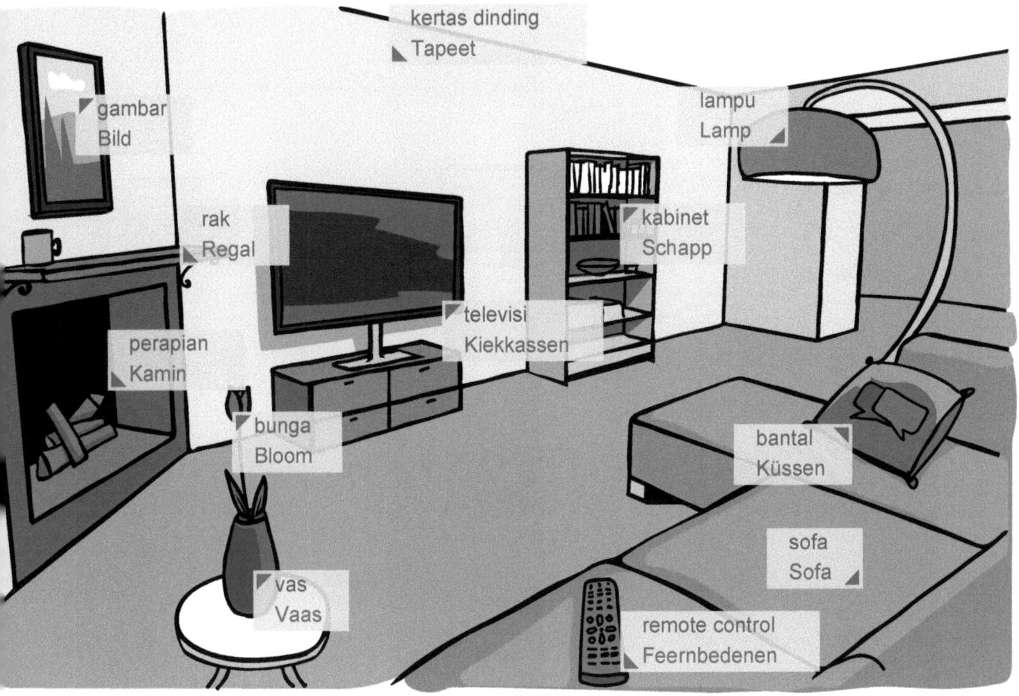

kertas dinding
Tapeet

gambar
Bild

lampu
Lamp

rak
Regal

kabinet
Schapp

perapian
Kamin

televisi
Kiekkassen

bunga
Bloom

bantal
Küssen

sofa
Sofa

vas
Vaas

remote control
Feernbedenen

	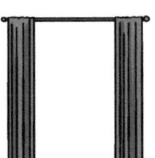	
karpet	korden	meja
Teppich	Vörhang	Disch

kursi	kursi goyang	kursi malas
Stohl	Schuckelstohl	Sessel

buku

Book

selimut

Deek

dekorasi

Dekoratschoon

kayu bakar

Füerholt

filem

Film

hi-fi

Stereoanlaag

kunci

Slötel

koran

Narichtenblatt

lukisan

Gemälde

poster

Poster

radio

Radio

buku tulis

Opschrievblock

penyedot debu

Huulbessen

kaktus

Kaktus

lilin

Kars

dapur
Köök

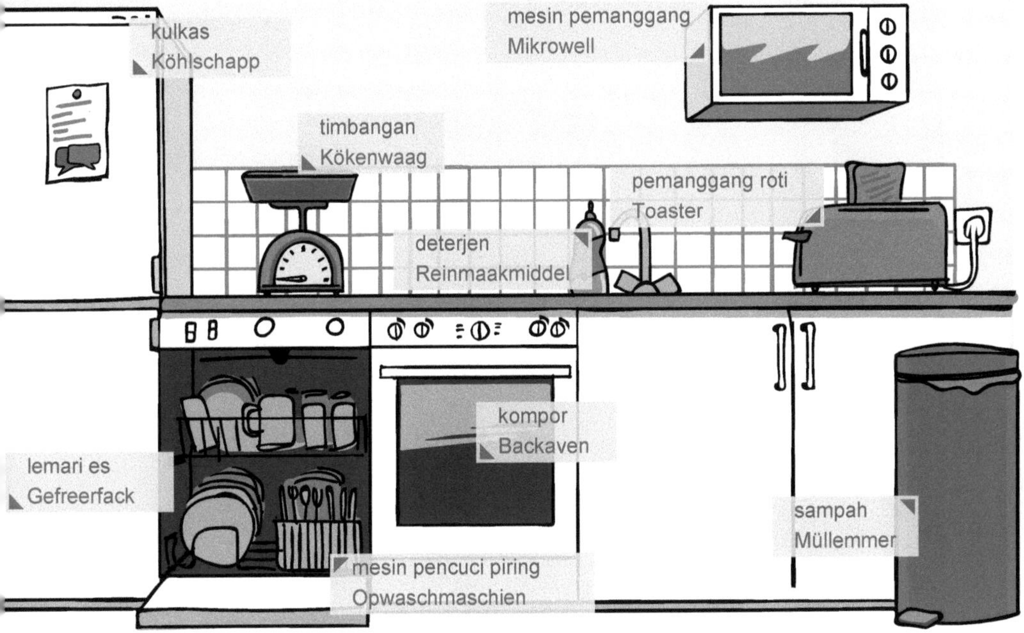
kulkas
Köhlschapp
mesin pemanggang
Mikrowell
timbangan
Kökenwaag
pemanggang roti
Toaster
deterjen
Reinmaakmiddel
kompor
Backaven
lemari es
Gefreerfack
sampah
Müllemmer
mesin pencuci piring
Opwaschmaschien

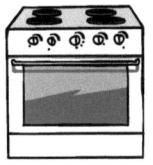

kompor

Heerd

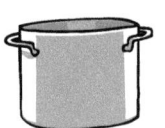

panci

Pott

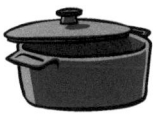

panci besi

Gussiesern Putt

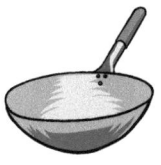

wajan

Wok / Kadai

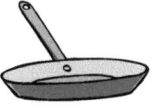

panci

Pann

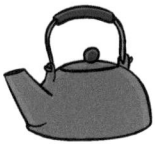

pemanas air

Waterkaker

panci pengukus makanan

Dampkaakputt

nampan

Backblick

piring

Geschirr

cangkir

Beker

mangkok

Schaal

sumpit

Eetsticken

sendok sup

Suppenkell

sudip

Pannenwenner

mengocok

Sneebessen

saringan

Kaakseef

saringan

Seef

parutan

Riev

mortir

Mörser

barbeque

Grill

api terbuka

Füerstell

dapur - Köök

papan memotong

Sniedbrett

gilingan

Nudelholt

alat pembuka botol

Proppentrecker

kaleng

Doos

pembuka kaleng

Dosenaapner

pegangan panci

Pottlappen

wastafel

Waschbecken

sikat

Böst

busa

Swamm

mesin pencampur

Mixer

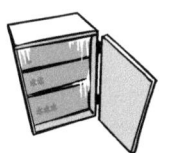

lemari es

lesschapp

botol bayi

Nuckelbuddel

keran

Waterhahn

kamar mandi

Baadstuuv

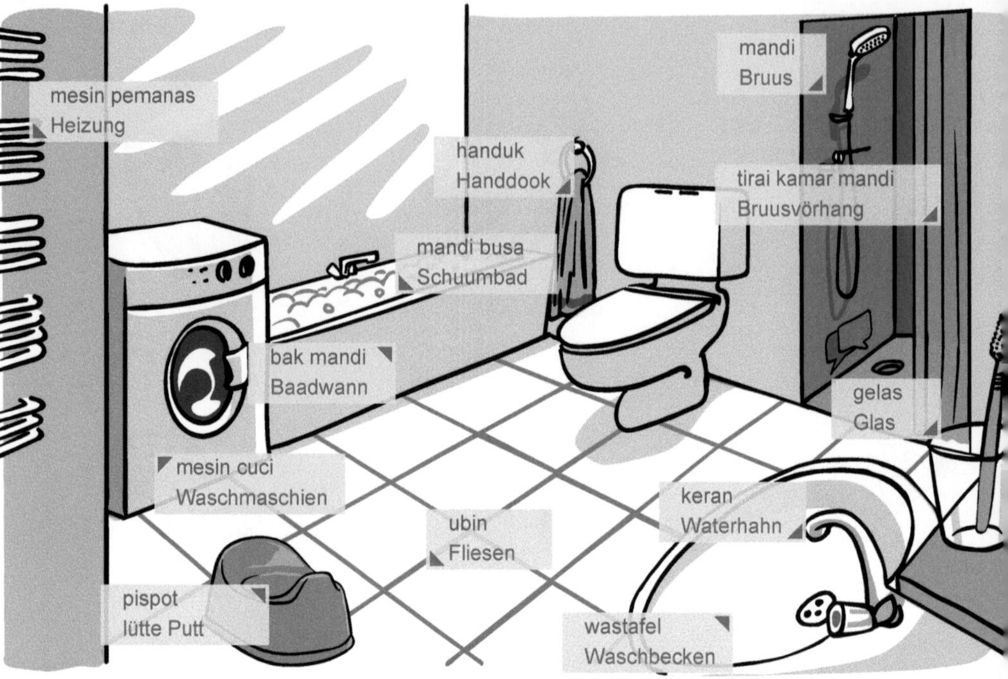

mandi
Bruus
mesin pemanas
Heizung
handuk
Handdook
tirai kamar mandi
Bruusvörhang
mandi busa
Schuumbad
bak mandi
Baadwann
gelas
Glas
mesin cuci
Waschmaschien
keran
Waterhahn
ubin
Fliesen
pispot
lütte Putt
wastafel
Waschbecken

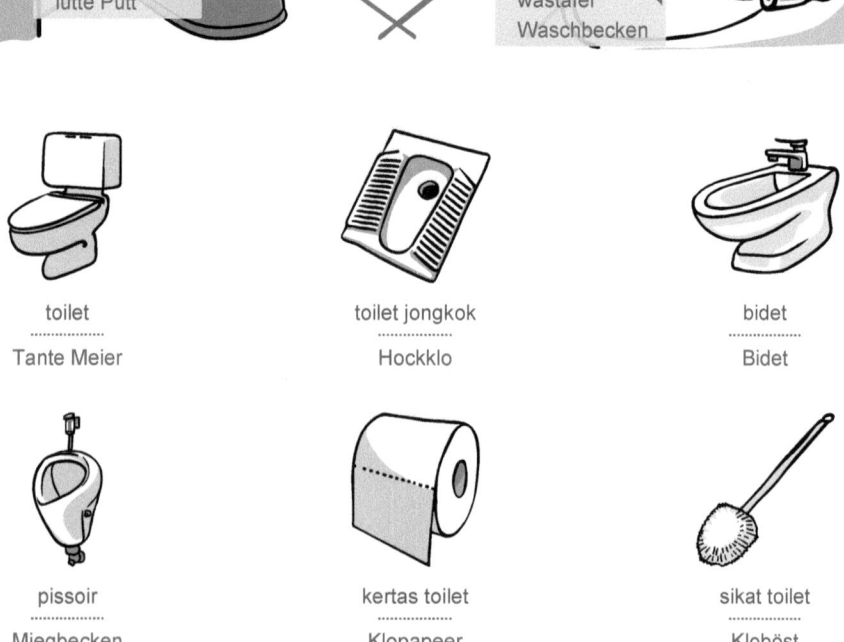

toilet
Tante Meier

toilet jongkok
Hockklo

bidet
Bidet

pissoir
Miegbecken

kertas toilet
Klopapeer

sikat toilet
Kloböst

sikat gigi

Tähnböst

pasta gigi

Tähnpast

benang gigi

Tähnsied

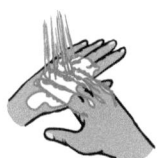

menyuci

waschen

pancuran tangan

Handbruus

pancuran

Intimbruus

bak

Waschschöttel

sikat punggung

Rüchböst

sabun

Seep

gel mandi

Bruusgeel

sampo

Hoorwaschmiddel

planel

Waschlappen

kuras

Afloop

krim

Creme

deodoran

Deodorant

kaca

Spegel

cermin tangan

Kosmetikspegel

pisau cukur

Raserer

busa cukur

Raseerschuum

aftershave

Raseerwater

sisir

Kamm

sikat

Böst

alat pengering rambut

Hoordröger

semprot rambut

Hoorspray

makeup

Smink

lipstik

Lippensticken

cat kuku

Nagellack

kapas

Watt

gunting kuku

Nagelscheer

minyak wangi

Rüükwater

kantong pencuci

Kulturbüdel

bangku

Schemel

timbangan

Waag

mantel mandi

Baadmantel

sarung tangan karet

Gummihanschen

tampon

Tampon

handuk pembalut

Damenbinn

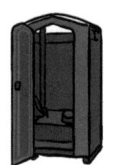

toilet kimia

Chemieklo

kamar anak
Kinnerstuuv

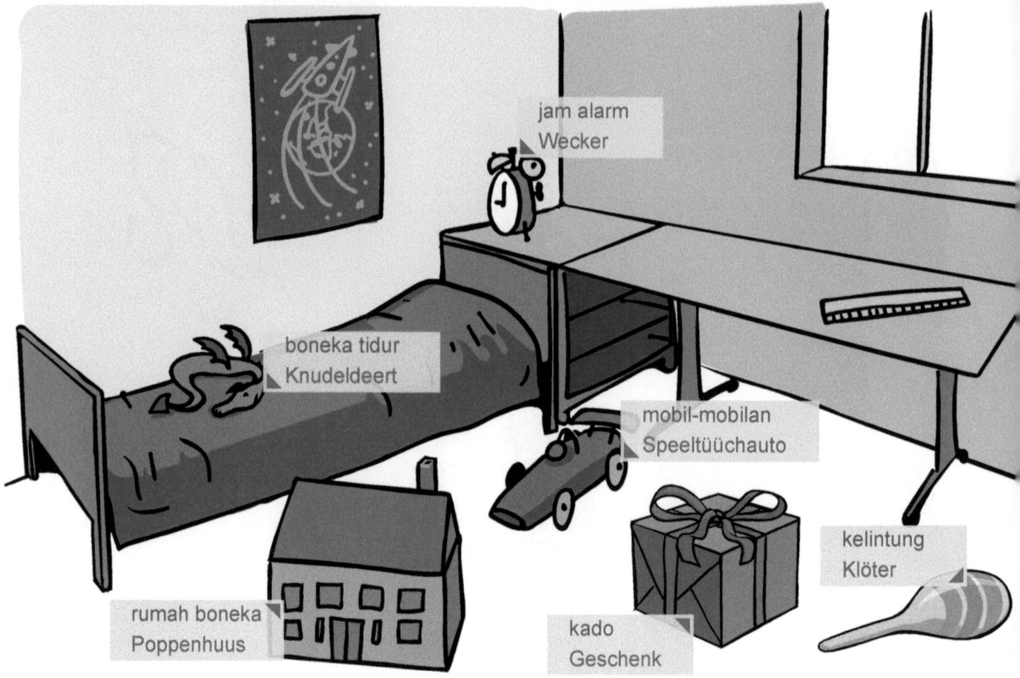
jam alarm
Wecker
boneka tidur
Knudeldeert
mobil-mobilan
Speeltüüchauto
kelintung
Klöter
rumah boneka
Poppenhuus
kado
Geschenk

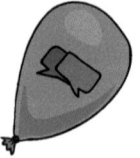

balon

Luftballon

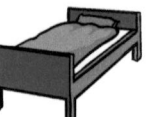

tempat tidur

Puuch

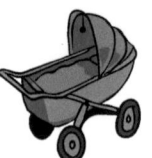

kereta bayi

Kinnerwagen

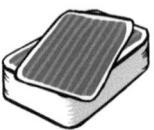

mainan kartu

Koortenspeel

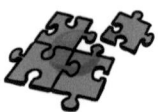

teka-teki

Puzzle

komik

Billergeschicht

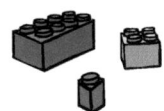

mainan lego

Legostenen

blok mainan

Bustenen

figur aksi

Action-Figur

baju monyet

Strampelantog

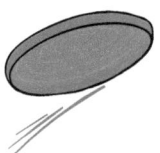

frisbee

Frisbeeschiev

mobile

Mobile

permainan papan

Brettspeel

dadu

Wörpel

set model kreta api

Modelliesenbahn

dot

Snuller

pesta

Party

buku gambar

Billerbook

bola

Ball

boneka

Popp

bermain

spelen

tempat main pasir

Sandkassen

ayunan

Schuckel

mainan

Speeltüüch

video game konsol

Speelkonsool

sepeda roda tiga

Dreerad

teddy

Teddyboor

lemari pakaian

Klederschapp

pakaian
Tüüch

kaos kaki

Socken

kaos kaki

Strümp

baju ketat

Strumpbüx

syal
Halsdook

payung
Paraplü

kaos
T-Shirt

sabuk
Liefreem

sepatu bot
Stevel

sandal
Puuschen

sepatu
Turnschoh

sandal
Sandalen

sepatu
Schoh

sepatu bot karet
Gummistevel

celana dalam
Ünnerbüx

BH
Bostholler

baju rompi
Ünnerhemd

body
....
Lief

celana
....
Büx

jeans
....
Jeansnüx

rok
....
Rock

blus
....
Bluus

kemeja
....
Hemd

aket berkerudung
....
Pullover

sweater
....
Kapuzenpullover

jaket
....
Blazer

jaket
....
Jack

mantel
....
Mantel

jas hujan
....
Övertrecker

kostum
....
Kostüm

gaun
....
Kleed

gaun pengantin
....
Hochtietskleed

setelan resmi

Antog

gaun tidur

Nachtkleed

piyama

Slaapantog

sari

Sari

jilbab

Koppdook

turban

Turban

burka

Burka

kaftan

Kaftan

abaya

Abaya

pakaian renang

Baadantog

celana renang

Baadbüx

celana pendek

Korte Büx

olah raga

Antog to'n Öven

celemek

Schört

sarung tangan

Handschoh

kancing

Knopp

kacamata

Brill

gelang

Armband

kalung

Halskeed

cincin

Ring

anting

Ohrbummel

topi

Mütz

gantungan mantel

Klederbögel

topi

Hoot

dasi

Binner

ritsleting

Rietslüter

helm

Helm

tali selempang

Drachtband

seragam sekolah

Schooluniform

seragam

Uniform

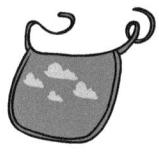

oto

Severböten

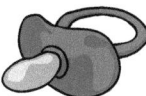

dot

Snuller

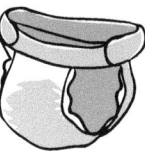

popok

Winnel

kantor
Büro

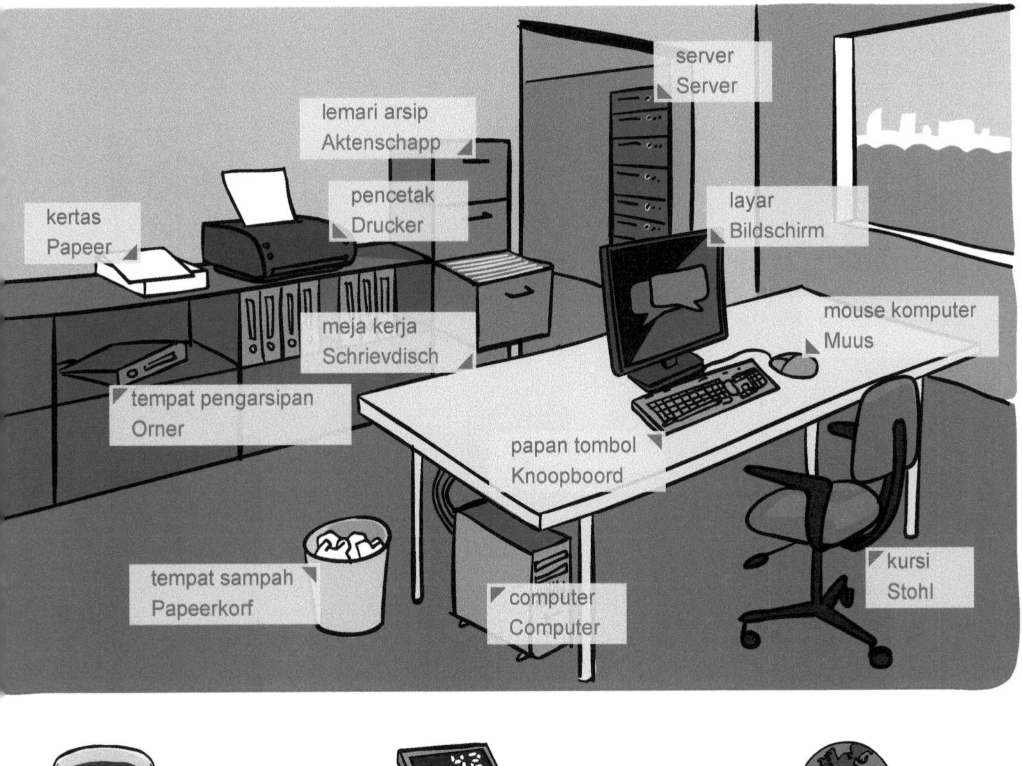
server
Server
lemari arsip
Aktenschapp
pencetak
Drucker
kertas
Papeer
layar
Bildschirm
mouse komputer
Muus
meja kerja
Schrievdisch
tempat pengarsipan
Orner
papan tombol
Knoopboord
tempat sampah
Papeerkorf
computer
Computer
kursi
Stohl

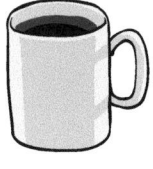

cangkir kopi

Koffiebeker

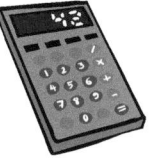

kalkulator

Taschenreekner

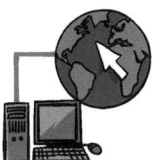

internet

Internet

laptop

Klappreekner

surat

Breef

pesan

Naricht

telepon seluler

Ackersnacker

jaringan

Nettwark

fotokopi

Kopeerapparat

software

Software

telepon

Klöönkassen

plug soket

Steekdoos

mesin fax

Faxapparat

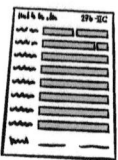

formulir

Formulor

dokumen

Dokument

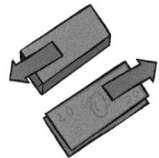

membeli

köpen

membayar

betahlen

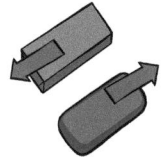

berdagang

hanneln

uang

Geld

Dollar

Dollar

Euro

Euro

Yen

Yen

Rubel

Ruvel

Franc Swiss

Swiezer Franken

Renminbi Yuan

Renminbi Yuan

Rupiah

Rupie

ATM

Geldautomat

kantor pertukaran mata uang

Wesselstuuv

emas

Gold

perak

Sülver

minyak

Ööl

energi

Energie

harga

Pries

kontrak

Verdrag

pajak

Stüer

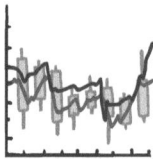

saham

Andeelschien

bekerja

arbeiden

karyawan

Anstellte

majikan

Arbeitgever

pabrik

Fabrik

toko

Hökerie

pekerjaan
Profeschonen

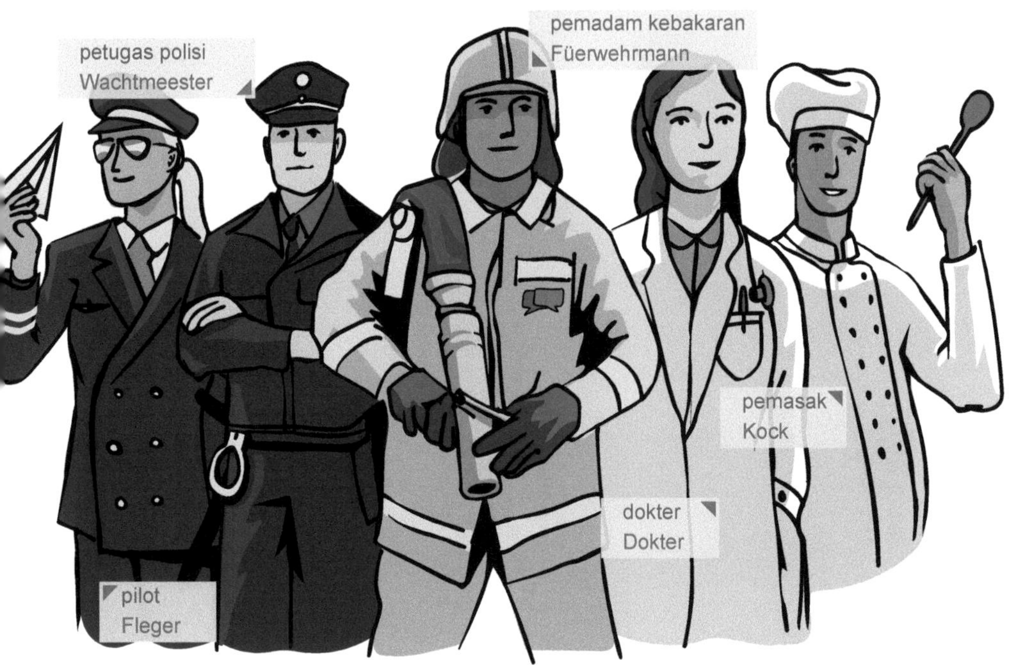
petugas polisi
Wachtmeester
pemadam kebakaran
Füerwehrmann
pemasak
Kock
dokter
Dokter
pilot
Fleger

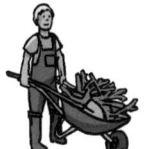

tukan kebun

Goorner

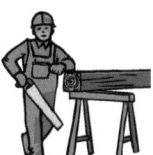

tukang kayu

Discher

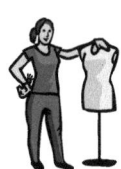

penjahit wanita

Neihersche

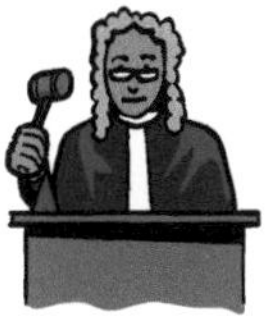

hakim

Richter

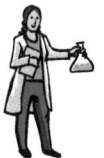

ahli kimia

Chemiker

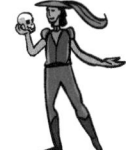

aktor

Schauspeler

sopir bis

Busfohrer

sopir taksi

Taxifohrer

nelayan

Fischer

pembantu

Reinmaakfru

tukang atap

Dackdecker

pelayan

Kellner

pemburu

Jäger

pelukis

Maler

tukang roti

Bäcker

tukang listrik

Elektriker

pembangun

Buarbeider

insinyur

Ingenieur

tukang daging

Slachter

tukang ledeng

Klempner

tukang pos

Postbüdel

tentara

Suldat

arsitek

Architekt

kasir

Kasserer

penjual bunga

Florist

penata rambut

Putzbüdel

konduktor

Schaffner

montir

Mechaniker

kapten

Kaptein

dokter gigi

Tähndokter

ilmuwan

Wetenschopler

rabbi

Rabbi

imam

Imam

biarawan

Mönk

pendeta

Paap

alat
Warktüüch

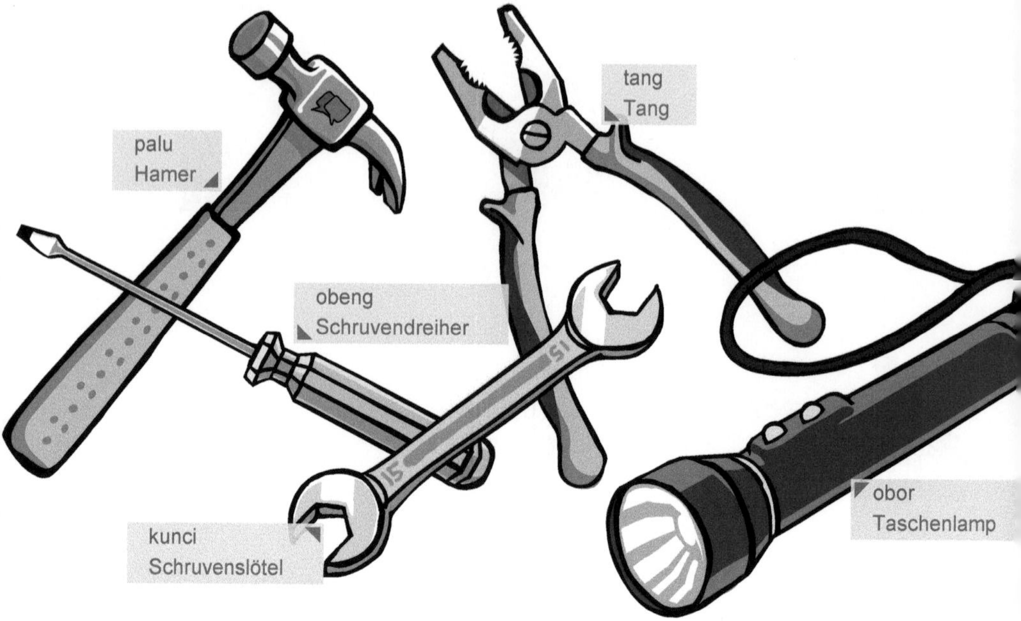
palu
Hamer
tang
Tang
obeng
Schruvendreiher
kunci
Schruvenslötel
obor
Taschenlamp

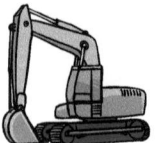

penggali

Grieper

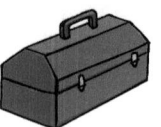

tas perkakas

Warktüüchkassen

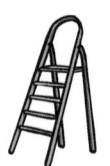

tangga

Ledder

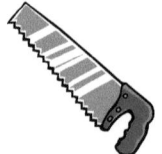

gergaji

Saag

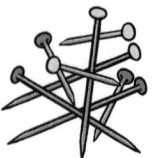

paku

Nagels

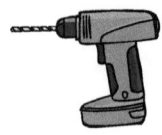

bor

Bohrer

perbaikan
·············
heelmaken

sekop
·············
Schüffel

Sialan!
·············
Schiet!

cikrak
·············
Kehrblick

pot cat
·············
Farvpott

sekrup
·············
Schruven

alat musik

Musikinstrumenten

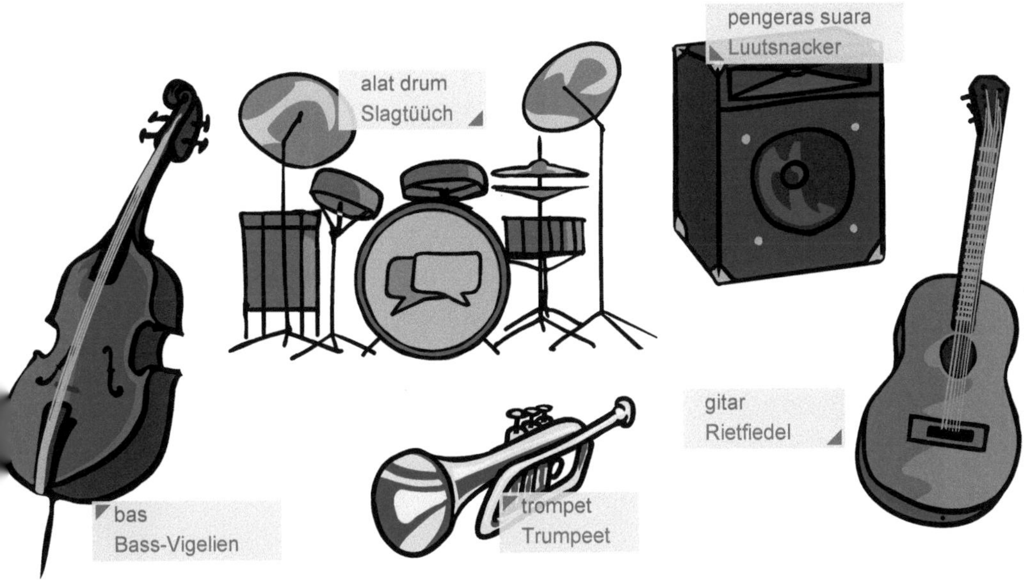

alat drum
Slagtüüch

pengeras suara
Luutsnacker

gitar
Rietfiedel

bas
Bass-Vigelien

trompet
Trumpeet

piano

Klaveer

violin

Vigelien

bass

Bass

tambur

Pauk

drum

Trummeln

keyboard

Keyboard

saksofon

Saxophon

suling

Fleut

mikrofon

Mikrofoon

kebun binatang
Deertenpark

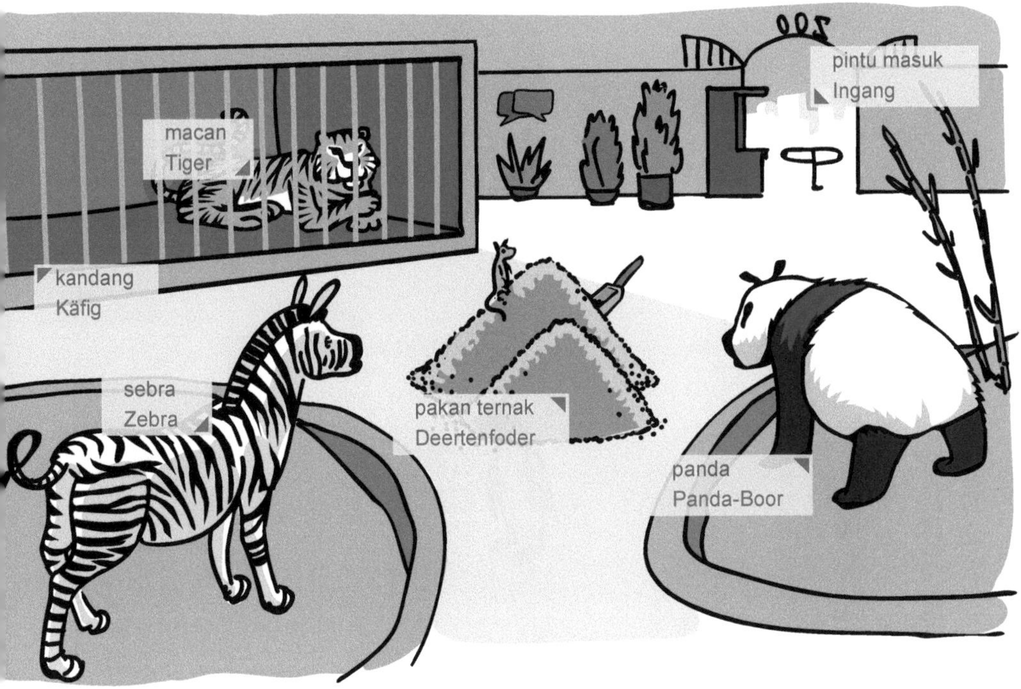

macan
Tiger
pintu masuk
Ingang
kandang
Käfig
sebra
Zebra
pakan ternak
Deertenfoder
panda
Panda-Boor

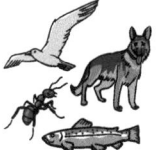

hewan

Deerten

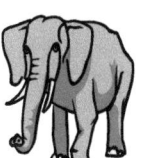

gajah

Elefant

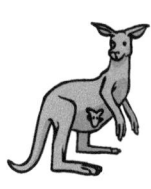

kanguru

Känguru

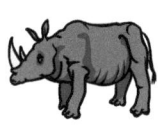

badak

Neeshoorn

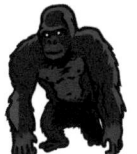

gorila

Gorilla

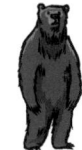

beruang

Boor

unta

Kameel

burung unta

Struuß

singa

Lööv

monyet

Aap

flamingo

Flamingo

burung beo

Papagoi

beruang polar

lesboor

penguin

Pinguin

hiu

Haifisch

merak

Pageluun

ular

Slang

buaya

Krokodil

penjaga kebun binatang

Oppasser in'n Deertenpark

segel

Saalhund

jaguar

Jaguor

kuda poni	macan tutul	kuda nil
Pony	Leopard	Nilpeerd

jerapah	burung elang	babi jantan
Giraff	Aadler	Wildswien

ikan	kura-kura	anjing laut
Fisch	Schildkrööt	Walross

rubah	kijang	
Voss	Gazell	

american football
Amerikaansch Football

naik sepeda
Radfohren

tennis
Tennis

basketbal
Korfball

bernang
Swümmen

hoki es
leshockey

tinju
Boxen

sepak bola

Football

badminton

Fedderball

atletik

Leichtathletik

bola tangan

Handball

main ski

Skilopen

polo

Polo

aktivitas
Aktivitäten

meloncat
springen
memeluk
ümarmen
ketawa
lachen
berjalan
gahn
menyanyi
singen
mengimpi
drömen
berdoa
beden
mencium
snuteln

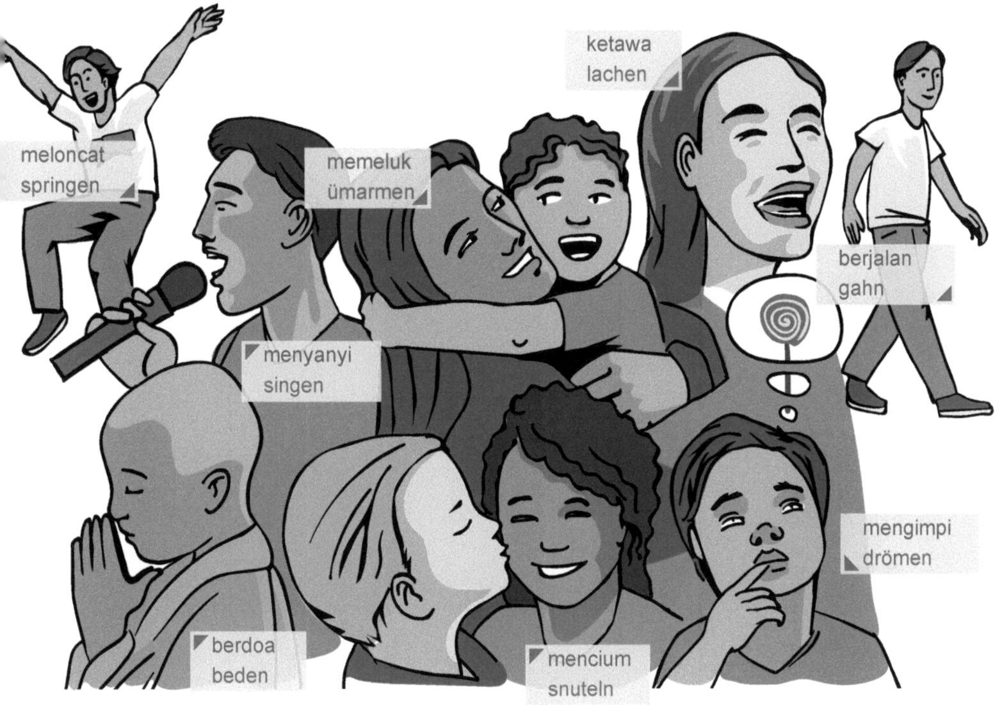

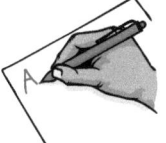

menulis

schrieven

melukis

teken

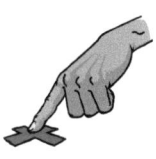

menunjuk

wiesen

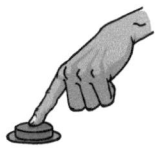

mendorong

drücken

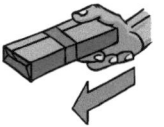

memberikan

geven

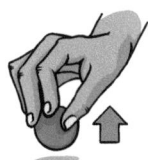

mengambil

nehmen

mempunyai

hebben

melakukan

doon

adalah

sien

berdiri

stahn

berlari

lopen

menarik

trecken

melempar

smieten

jatuh

fallen

tidur

liggen

menunggu

töven

membawa

dregen

duduk

sitten

berpakaian

antrecken

tidur

slapen

bangun

opwaken

melihat
....
ankieken

menangis
....
wenen

mengelus
....
eien

menyisir
....
kämmen

berbicara
....
snacken

mengerti
....
verstahn

menanyak
....
fragen

mendengar
....
hören

minum
....
drinken

makan
....
eten

merapikan
....
oprümen

cinta
....
leefhebben

memasak
....
kaken

menyetir
....
fohren

terbang
....
flegen

berlayar

segeln

menghitung

reken

membaca

lesen

belajar

lehren

bekerja

arbeiden

menikah

de Plünnen tohoopsmieten

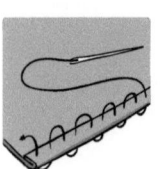

menjahit

neihen

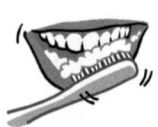

sikat gigi

Tähnen putzen

membunuh

dootmaken

merokok

smöken

kirim

schicken

keluarga
Familje

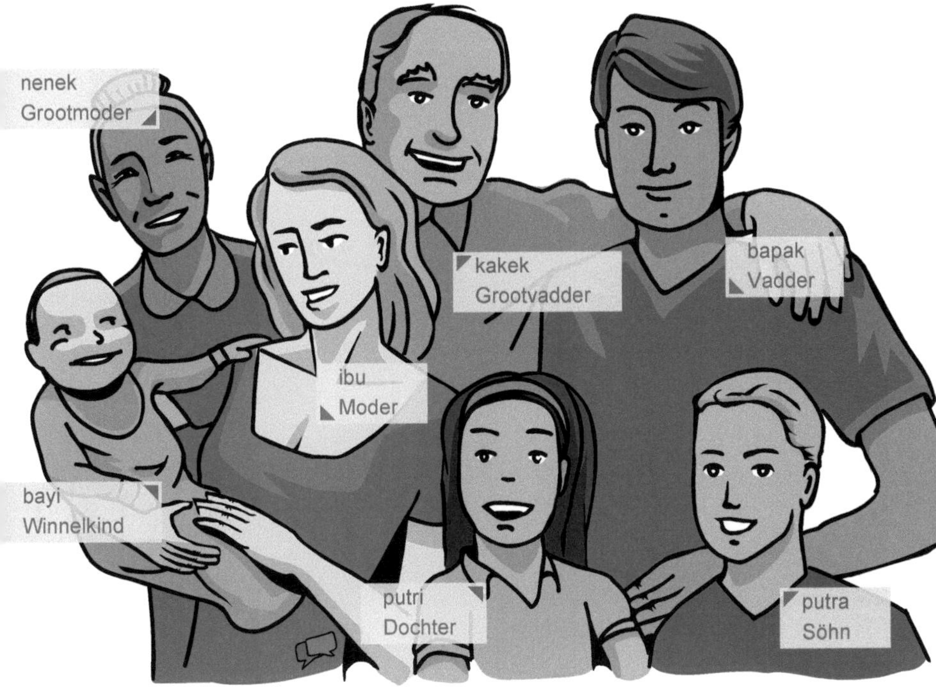
nenek
Grootmoder
kakek
Grootvadder
bapak
Vadder
ibu
Moder
bayi
Winnelkind
putri
Dochter
putra
Söhn

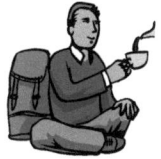

tamu
Gast

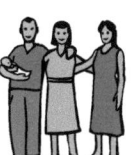

bibi
Tant

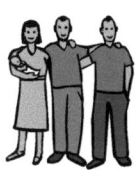

paman
Unkel

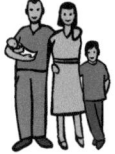

kakak laki
Broder

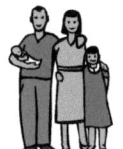

kakak perempuan
Süster

badan

Lief

dahi
Vörkopp
mata
Oog
bahu
Schuller
jari
Finger
muka
Gesicht
dagu
Kinn
tangan
Hand
kaki
Been
payudara
Bost
lengan
Arm

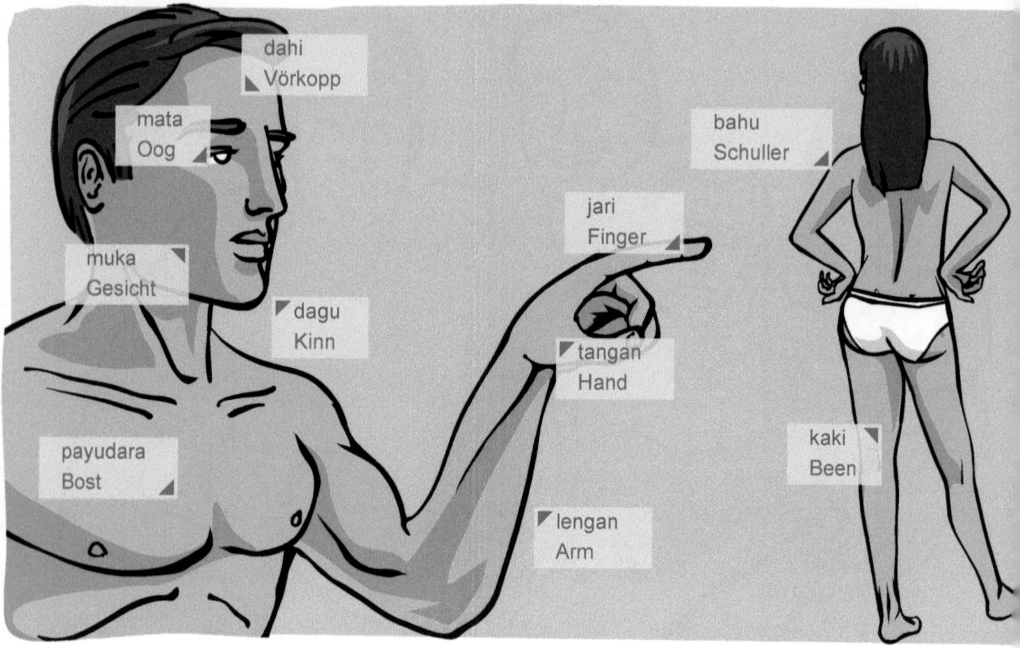

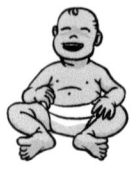

bayi
Winnelkind

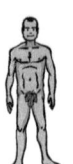

pria
Mann

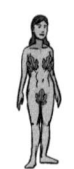

wanita
Fro

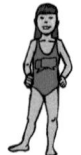

perempuan
Deern

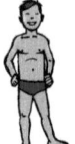

laki
Jung

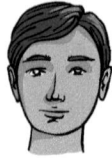

kepala
Arm

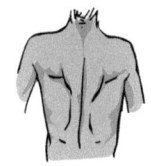

punggung

Rüch

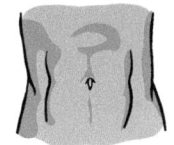

perut

Buuk

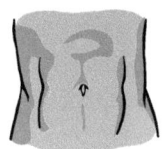

pusar

Navel

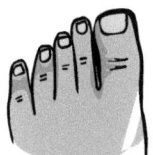

toe

Teh

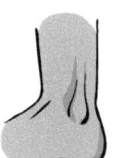

tumit

Hack

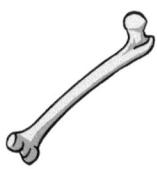

tulang

Knaken

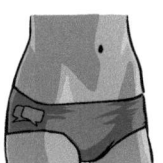

pinggang

Hüft

lutut

Knee

siku

Ellbagen

hidung

Nees

pantat

Achtersen

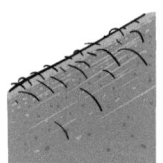

kulit

Huut

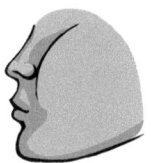

pipi

Back

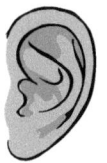

telinga

Ohr

bibir

Lipp

mulut

Mund

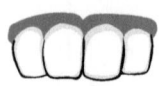

gigi

Tähn

lidah

Tung

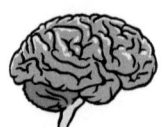

otak

Bregen

jantung

Hart

otot

Muskel

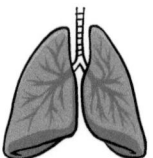

paru-paru

Lung

hati

Lever

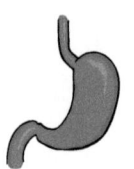

stomach

Maag

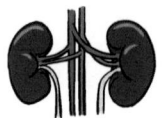

ginjal

Neren

hubungan seks

Bislaap

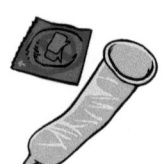

kondom

Kondoom

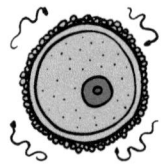

sel telur

Eizell

sperma

Sperma

kehamilan

Anner Ümstänn

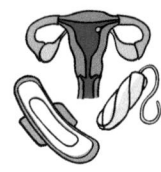

menstruasi

Menstruatschoon

vagina

Scheed

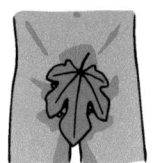

penis

Pint

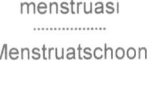

alis

Ogenbroe

rambut

Hoor

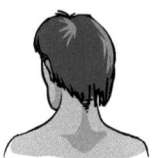

leher

Hals

rumah sakit
Krankenhuus

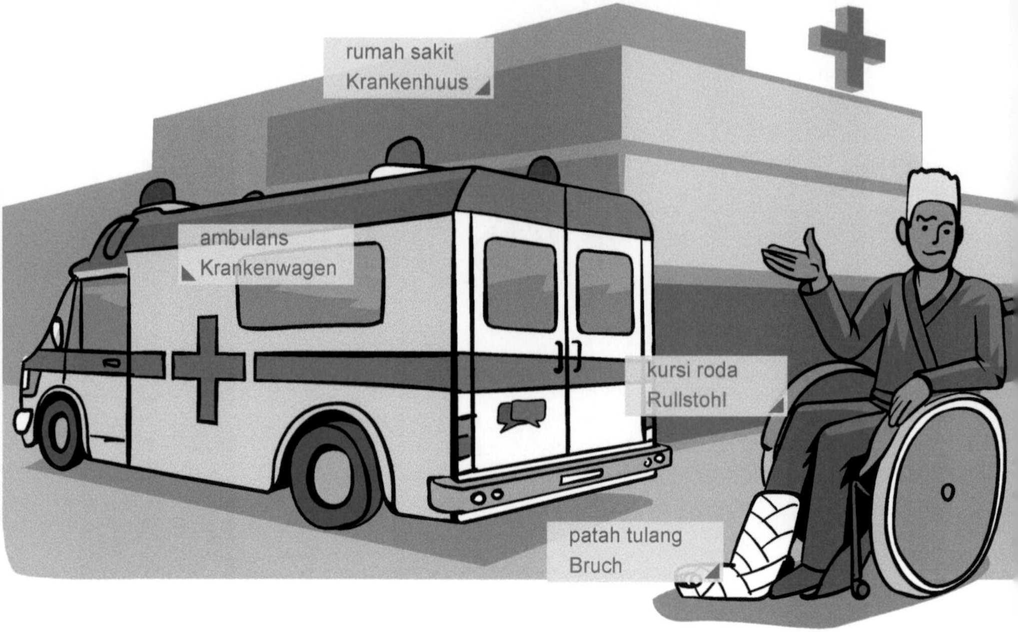

rumah sakit
Krankenhuus
ambulans
Krankenwagen
kursi roda
Rullstohl
patah tulang
Bruch

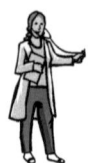

dokter

Dokter

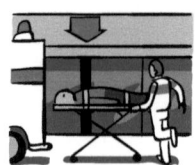

ruang darurat

Nootopnahm

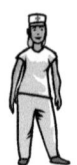

perawat

Krankensüster

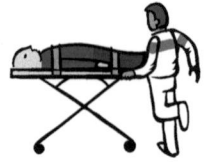

darurat

Nootfall

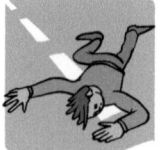

semaput

ahnmächtig

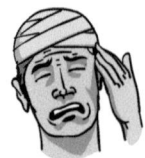

sakit

Wehdaag

cedera

Verwunnen

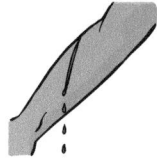

perdarahan

Blöden

serangan jantung

Hartinfarkt

stroke

Slaganfall

alergi

Allergie

batuk

Hoosten

demam

Fever

flu

Gripp

diare

Dörchfall

sakit kepala

Koppwehdaag

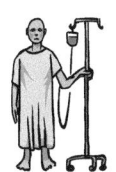

kanker

Kreeft

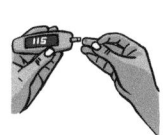

diabetes

Zuckersüük

ahli bedah

Chirurg

pisau bedah

Chirurgsch Mess

operasi

Operatschoon

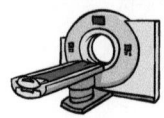

CT
CT

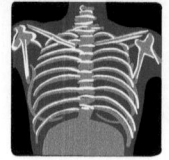

sinar x
Dörchlüchten

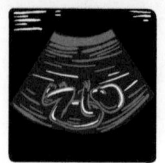

usg
Ultraschall

topeng
Mask

penyakit
Krankheit

ruang tunggu
Töövruum

penyokong
Krück

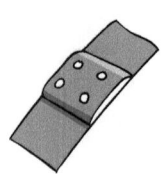

plester
Plaaster

perban
Verband

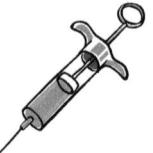

injeksi
Insprütten

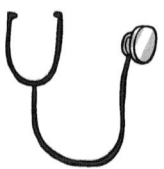

stetoskop
Stethoskop

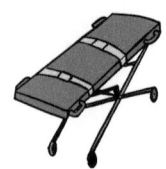

usungan
Draag

termometer klinis
Feverthermometer

kelahiran
Geboort

kelebihan berat badan
Övergewicht

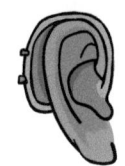

alat pendengar

Höörapparat

desinfektan

Kiemfriemiddel

infeksi

Ansteken

virus

Virus

HIV / AIDS

HIV / AIDS

obat

Heelmiddel

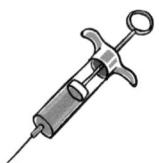

vaksinasi

Impen

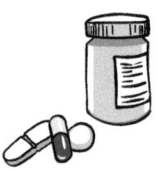

tablet

Tabletten

pil

Pill

panggilan darurat

Nootroop

ukur tekanan darah

Blootdruck-Meter

sakit / sehat

krank / gesund

Tolong!

Hölp!

alarm

Alarm

penyerbuan

Överfall

serangan

Angreep

bahaya

Gefohr

pintu darurat

Nootutgang

Api!

Füer!

alat pemadam kebakaran

Füerlöscher

kecelakaan

Unfall

kit pertolongan pertama

Noothölpkoffer

SOS

SOS

polisi

Polizei

Eropa

Europa

Amerika Utara

Noordamerika

Amerika Selatan

Süüdamerika

Afrika

Afrika

Asia

Asien

Australi

Australien

Atlantik

Atlantik

Pasifik

Pazifik

Samudra India

Indisch Weltmeer

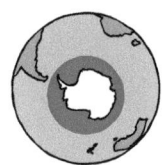

Samudra Antartika

Antarktisch Weltmeer

Samudra Arktik

Arktisch Weltmeer

kutub utara

Noordpol

kutub selatan

Süüdpol

Antarktika

Antarktis

bumi

Eerd

tanah

Land

laut

See

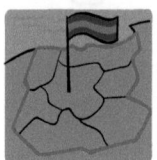

pulau

Eiland

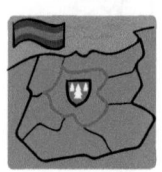

bangsa

Natschoon

negara

Staat

jam wajah

Tallenblatt

jarum pendek

Stunnenwieser

jarum menit

Minutenwieser

jarum detik

Sekunnenwieser

Jam berapa?

Wo laat is dat?

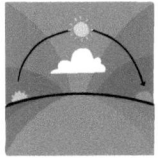

hari

Dag

waktu

Tiet

sekarang

nu

jam digital

digetaalsch Klock

menit

Minuut

jam

Stunn

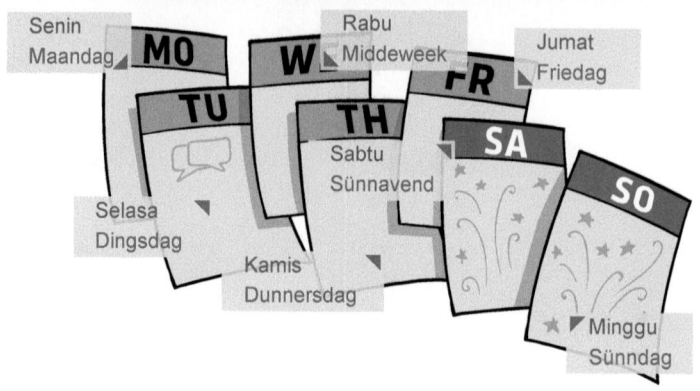

Senin Maandag — MO
Rabu Middeweek — W
Jumat Friedag — FR
TU
TH
Sabtu Sünnavend — SA
Selasa Dingsdag
Kamis Dunnersdag
Minggu Sünndag — SO

kemaren
güstern

hari ini
hüüt

besok
morgen

pagi
Morgen

siang
Meddag

malam
Avend

MO	TU	WE	TH	FR	SA	SU
1	2	3	4	5	6	7
8	9	10	11	12	13	14
15	16	17	18	19	20	21
22	23	24	25	26	27	28
29	30	31	1	2	3	4

hari kerja
Arbeitsdaag

MO	TU	WE	TH	FR	SA	SU
1	2	3	4	5	6	7
8	9	10	11	12	13	14
15	16	17	18	19	20	21
22	23	24	25	26	27	28
29	30	31	1	2	3	4

akhir minggu
Wekenenn

tahun
Johr

hujan
Regen
pelangi
Regenbagen
angin
Wind
salju
Snee
musim semi
Fröhjohr
musim gugur
Harvst
musim panas
Sommer
musim dingin
Winter

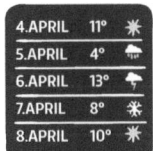

4.APRIL 11°
5.APRIL 4°
6.APRIL 13°
7.APRIL 8°
8.APRIL 10°

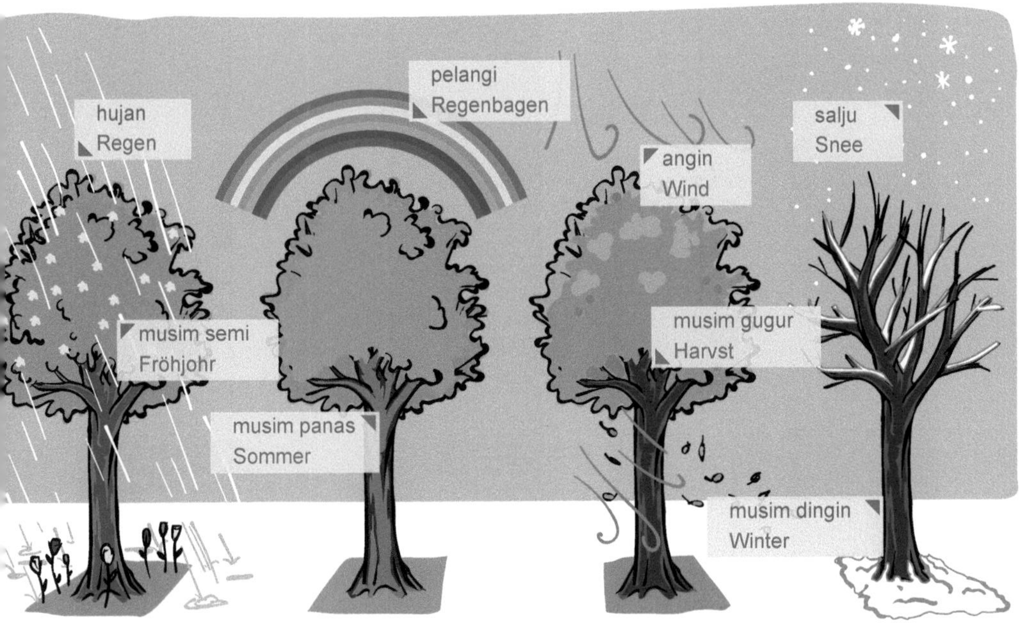

ramalan cuaca

Wedervörhersaag

F C
120 40
90 30
60 20
30 10
0 0
-30 -10
-20

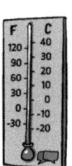

termometer

Thermometer

matahari

Sünnenschien

awan

Wulk

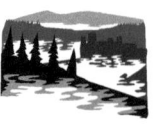

kabut

Nevel

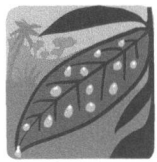

kelembahan

Luftfuchtigkeit

kilat

Blitz

guntur

Dunner

badai

Storm

hujan es

Hagel

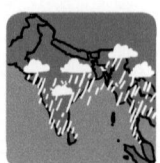

monsun

Monsun

banjir

Floot

es

les

Januari

Januormaand

Februari

Februormaand

Maret

Martmaand

April

Aprilmaand

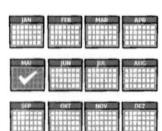

Mei

Maimaand

Juni

Junimaand

Juli

Julimaand

Agustus

Augustmaand

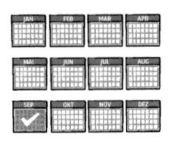

September
Septembermaand

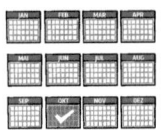

Oktober
Oktobermaand

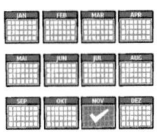

November
Novembermaand

Desember
Dezembermaand

bentuk
Formen

lingkaran
Krink

persegi
Quadrat

persegi panjang
Rechteck

segi tiga
Dreeeck

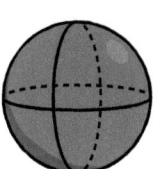

bola
Kugel

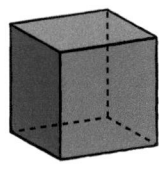

kubus
Wörpel

putih

witt

kuning

geel

oranye

orangsch

pink

pink

merah

root

ungu

lila

biru

blau

hijau

gröön

coklat

bruun

abu-abu

gries

hitam

swart

banyak / sedikit

veel / wenig

marah / tenang

böös / verdreeglich

cantik / jelek

smuck / mies

mulaih / selesai

Begünn / Enn

besar / kecil

groot / lütt

terang / gelap

hell / düüster

saudara laki-laki / saudara perempuan

Broder / Süster

bersih / kotor

schier / schietig

lengkap / tidak lengkap

kumpleet / nich kumpleet

hari / malam

Dag / Nacht

mati / hidup

doot / lebennig

luas / sempit

breet / small

dapat dimakan / tidak dapat dimakan

geneetbor / nich geneetbor

jahat / baik

böös / fründlich

bersemangat / bosan

fickerig / langwielt

gemuk / kurus

dick / dünn

pertama / terakhir

toeerst / toletzt

teman / musuh

Fründ / Fiend

penuh / kosong

vull / leddig

keras / lembut

hart / week

berat / enteng

swoor / licht

lapar / haus

Smacht / Döst

sakit / sehat

krank / gesund

ilegal / legal

nich na't Recht / na't Recht

cerdas / bodoh

klook / dummerhaftig

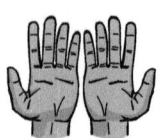

kiri / kanan

linkerhand / rechterhand

dekat / jauh

neeg / feern

baru / bekas
nieg / bruukt

tidak ada apapun / sesuatu
nix / wat

tua / muda
oolt / jung

nyala / mati
an / ut

buka / tutup
apen / slaten

tenang / keras
lies / luut

kaya / miskin
riek / arm

benar / salah
richtig / verkehrt

kasar / halus
ruug / glatt

sedih / gembira
trurig / glücklich

pendek / panjang
kort / lang

pelan-pelan / cepat
suutje / flink

basah / kering
natt / dröög

hangat / sejuk
warm / köhl

perang / damai
Krieg / Freden

berlawanan - Gegendelen

0

nol

null

1

satu

een

2

dua

twee

3

tiga

dree

4

empat

veer

5

lima

fief

6

enam

söss

7

tujuh

söven

8

delapan

acht

9

sembilan

negen

10

sepuluh

teihn

11

sebelas

ölven

12	**13**	**14**
duabelas	tigabelas	empatbelas
twölf	dörteihn	veerteihn

15	**16**	**17**
limabelas	enambelas	tujuhbelas
föffteihn	sössteihn	söventeihn

18	**19**	**20**
delapanbelas	sembilanbelas	duapuluh
achtteihn	negenteihn	twintig

100	**1.000**	**1.000.000**
seratus	seribu	juta
hunnert	dusend	million

Inggris

Engelsch

bahasa Inggris Amerika

Amerikaansch Engelsch

bahasa Cina Mandarin

Chineesch Mandarin

bahasa Hindi

Hindi

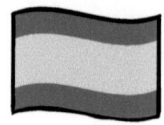

bahasa Spanyol

Spaansch

bahasa Perancis

Franzöösch

bahasa Arab

Araabsch

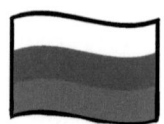

bahasa Rusia

Rusch

bahasa Portugis

Portugiesch

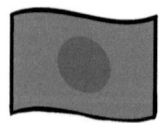

bahasa Bengal

Bengaalsch

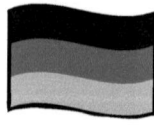

bahasa Jerman

Düütsch

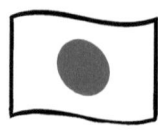

bahasa Jepang

Japaansch

saya

ik

kamu

du

dia

he / se / dat

kita

wi

kalian

ji

mereka

se

siapa?

keen?

apa?

wat?

begaimana?

woans?

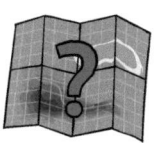

dimana?

woneem?

kapan?

wannehr?

nama

Naam

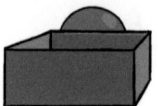

dibelakang

achter

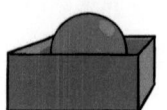

di

in

didepan

vör

diatas

över

diatas

op

dibawah

ünner

sebelah

blangen

di antara

twüschen

tempat

Oort